Conoce a mi mascota

EL CONEJILLO DE INDIAS

Jared Siemens

www.openlightbox.com

Paso 1
Ingresa a www.openlightbox.com

Paso 2
Ingresa este código único

AVV95359

Paso 3
¡Explora tu eBook interactivo!

Tu eBook interactivo trae...

AV2 es compatible para su uso en cualquier dispositivo.

Audio
Escucha todo el lobro leído en voz alta

Videos
Mira videoclips informativos

Enlaces web
Obtén más información para investigar

¡Prueba esto!
Realiza actividades y experimentos prácticos

Palabras clave
Estudia el vocabulario y realiza una actividad para combinar las palabras

Cuestionarios
Pon a prueba tus conocimientos

Presentación de imágenes
Mira las imágenes y los subtítulos

Comparte
Comparte títulos dentro de tu Sistema de Gestión de Aprendizaje (LMS) o Sistema de Circulación de Bibliotecas

Citas
Crea referencias bibliográficas siguiendo los estilos de APA, CMOS y MLA

Este título está incluido en nuestra suscripción digital de Lightbox

Suscripción en español de K–5 por 1 año
ISBN 978-1-5105-5935-6

Accede a cientos de títulos de AV2 con nuestra suscripción digital.
Regístrate para una prueba GRATUITA en **www.openlightbox.com/trial**

Se garantiza que los componentes digitales de este libro estarán activos por 5 años.

EL CONEJILLO DE INDIAS

CONTENIDOS

- 4   Adoptando un conejillo de Indias
- 6   Diferentes tipos de conejillos de Indias
- 8   El hogar del conejillo de Indias
- 10 El ejercicio
- 12 Manteniéndose limpio
- 14 La comida y los dientes
- 16 La dieta del conejillo de Indias
- 18 Creciendo con salud
- 20 Mi conejillo de Indias mascota
- 22 Datos sobre los conejillos de Indias

Quiero tener un conejillo de Indias de mascota.

Debo aprender a cuidarlo.

Hay muchos tipos de conejillos de Indias para elegir como mascota.

La mayoría de los conejillos de Indias son blancos, marrones o negros.

LONGITUD DEL PELO

Sin pelo
Conejillo de Indias *skinny*

Pelo corto
Conejillo de Indias americano

Pelo medio
Conejillo de Indias texel

Pelo largo
Conejillo de Indias peruano

Mi conejillo de Indias necesitará vivir en una jaula grande.

Ayudaré a limpiar su jaula una o dos veces por semana.

Los conejillos de Indias necesitan espacio para correr y jugar.

Me aseguraré de que mi conejillo de Indias tenga un lugar seguro para jugar.

Mi conejillo de Indias usa sus dientes y uñas para cepillarse el pelo.

Ayudaré a cepillarlo una vez por semana.

Mi conejillo de Indias necesita comer heno para que sus dientes estén sanos.

Me aseguraré de que siempre tenga mucho heno para comer.

LOS DIENTES DE LAS MASCOTAS

Las **ranas** pueden tener dientes diminutos en la **MANDÍBULA SUPERIOR**

Los **conejillos de Indias** tienen **INCISIVOS** que nunca dejan de crecer.

Los **cerdos vietnamitas** tienen **44** dientes.

Los **pájaros NO TIENEN** dientes.

15

A los conejillos de Indias les gusta comer frutas y vegetales.

Le daré de comer una vez al día.

Los conejillos de Indias toman siestas cortas durante el día y la noche.

A mi conejillo de Indias le gusta hacerse una cama de heno en su jaula.

CRECIENDO

Conejillo de Indias recién nacido
Hasta 0,2 libras (0,1 kilogramo)
Ya tiene pelo.
Come alimento sólido
a las 3 semanas de vida.

Conejillo de Indias joven
Hasta 0,4 libras (0,2 kg)
Le gusta jugar.
Se acicala solo.

Conejillo de Indias adulto
Hasta 1,4 libras (0,6 kg)
Mastica vegetales.
Le gusta explorar.

Conejillo de Indias mayor
Hasta 2,6 libras (1,2 kg)
Su pelo se vuelve más delgado.
Necesita más cuidados.

Estoy listo para llevar a mi conejillo de Indias a casa.

Lo cuidaré mucho.

¡PIÉNSALO!

¿Qué otras cosas puedes hacer para que tu conejillo de Indias esté contento y sano?

DATOS SOBRE LOS CONEJILLOS DE INDIAS

Estas páginas ofrecen información detallada sobre los interesantes datos de este libro. Están dirigidas a los adultos, como soporte, para que ayuden a los jóvenes lectores a redondear sus conocimientos sobre cada sorprendente animal presentado en la serie *Conoce a mi mascota*.

Páginas 4–5

Quiero tener un conejillo de Indias de mascota. Los conejillos de Indias son un tipo de roedores, una familia de animales que incluye a los ratones y los hámsteres. Son originarios de la cordillera de los Andes, en América del Sur. En América del Norte, se adoptaron por primera vez como mascotas en el 1600. Los conejillos de Indias son una opción de mascota popular porque son pequeños, mansos y no necesitan muchos cuidados.

Páginas 6–7

Hay muchos tipos de conejillo de Indias para elegir como mascota. Existen 13 tipos de conejillos de Indias diferentes y cada uno tiene características distintivas propias. La longitud de su pelo es una característica distintiva de las razas de conejillos de Indias y puede ser largo y grueso, largo y lacio o incluso rizado. Los conejillos de Indias pueden ser de diferentes colores. El conejillo de Indias *skinny* prácticamente no tiene pelo y se parece a un cerdito en miniatura con las orejas caídas.

Páginas 8–9

Mi conejillo de Indias necesitará vivir en una jaula grande. La jaula, que debe medir como mínimo 7,5 pies cuadrados (0,5 metros cuadrados), debe ser lo suficientemente espaciosa para que el conejillo de Indias esté cómodo. La jaula debe estar siempre adentro, lejos de las corrientes de aire y los cambios de temperatura para que el conejillo de Indias no se enferme. El fondo de la jaula debe estar cubierto de heno, papel de diario triturado o pasto especial. Esta cama debe cambiarse cada vez que se limpia la jaula.

Páginas 10–11

Los conejillos de Indias necesitan espacio para correr y jugar. El conejillo de Indias necesita pasar un rato afuera de la jaula, pero siempre supervisado. Durante este "tiempo en el suelo", el conejillo de Indias explora y se ejercita. Es importante crear un espacio seguro para que el conejillo de Indias explore, donde no haya cables eléctricos o lugares estrechos, ya que eso puede ser peligroso para la mascota. Durante el tiempo en el suelo, algunos conejillos de Indias pueden dar saltos como una palomita de maíz. Eso significa que el conejillo de Indias está extremadamente feliz.

Páginas 12–13

Mi conejillo de Indias usa sus dientes y uñas para cepillarse el pelo. Si bien los conejillos de Indias se acicalan solos, los dueños deben ayudarlos a limpiarse y estar sanos. Se los puede cepillar con un cepillo suave de bebé para desenredarle el pelo. Cada raza de conejillo de Indias tiene necesidades de aseo diferentes. A los conejillos de Indias de pelo grueso y duro se los debe cepillar con mayor frecuencia que a los de pelo suave.

Páginas 14–15

Mi conejillo de Indias necesita comer heno para que sus dientes estén sanos. Los dientes del conejillo de Indias son de raíz abierta. Eso quiere decir que crecen constantemente. Para que no le crezcan desmedidamente y le traigan problemas de salud, los dueños deben darles algo para morder y desgastar sus dientes. El heno de pasto es naturalmente difícil de masticar y es una excelente opción para mantener los dientes del conejillo de Indias. El 70 por ciento de la dieta del conejillo de Indias debe ser heno de pasto.

Páginas 16–17

A los conejillos de Indias les gusta comer frutas y vegetales. Los conejillos de Indias son herbívoros. Comen plantas, como frutas, vegetales y cereales. Además de alimentos frescos, los conejillos de Indias necesitan comer alimento especial para conejillo de Indias todos los días. Las verduras que tienen vitamina C son una parte importante de la dieta de los conejillos de Indias, porque su cuerpo no produce esta vitamina. Los conejillos de Indias necesitan tener agua fresca en todo momento. Un veterinario podrá indicarle qué cantidad y tipo de comida necesita su mascota.

Páginas 18–19

Los conejillos de Indias toman siestas cortas durante el día y la noche. Los conejillo de Indias son crepusculares. Esto significa que son más activos al amanecer y al atardecer. En lugar de dormir muchas horas juntas como las personas, los conejillos de Indias toman varias siestas cortas a lo largo las 24 horas del día. La siesta puede durar desde unos pocos minutos hasta más de una hora. Por instinto, a los conejillos de Indias les gusta ocultarse debajo de las cosas. Por eso, deben tener un lugar en la jaula donde puedan esconderse y sentirse protegidos.

Páginas 20–21

Estoy listo para llevar a mi conejillo de Indias a casa. Con el cuidado y la dieta correcta, los conejillos de Indias pueden vivir, en promedio, unos cuatro o cinco años. Los conejillos de Indias son frágiles y deben ser manipulados con cuidado. También tienen un oído muy sensible y le molestan los ambientes ruidosos. Como el conejillo de Indias tiene muchas necesidades de salud especiales, antes de llevar uno a casa, es importante buscar un veterinario de la zona que tenga experiencia en tratar conejillos de Indias.

Published by Lightbox Learning Inc.
276 5th Avenue, Suite 704 #917
New York, NY 10001
Website: www.openlightbox.com

Copyright ©2026 Lightbox Learning Inc.
All rights reserved. No part of this publication may be reproduced, stored in a retrieval system, or transmitted in any form or by any means, electronic, mechanical, photocopying, recording, or otherwise, without the prior written permission of the publisher.

Library of Congress Control Number: 2024947242

ISBN 979-8-8745-1304-7 (hardcover)
ISBN 979-8-8745-1306-1 (static multi-user eBook)
ISBN 979-8-8745-1308-5 (interactive multi-user eBook)

Printed in Guangzhou, China
1 2 3 4 5 6 7 8 9 0 29 28 27 26 25

102024
101724

Art Director: Terry Paulhus
Project Coordinator: Sara Cucini
English/Spanish Translation: Translation Services USA

Every reasonable effort has been made to trace ownership and to obtain permission to reprint copyright material. The publisher would be pleased to have any errors or omissions brought to its attention so that they may be corrected in subsequent printings.

The publisher acknowledges Getty Images, Alamy, and Shutterstock as the primary image suppliers for this title.